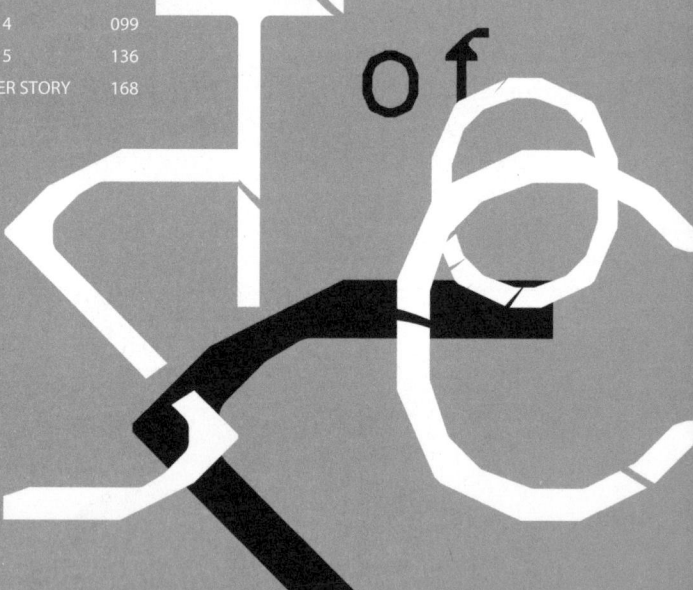

INHALT

Dogs of Tosca

ACT 1   003
ACT 2   035
ACT 3   067
ACT 4   099
ACT 5   136
AFTER STORY   168

act 1

ACH, ER IST ECHT PERSÖNLICH HERGEKOM- MEN...!

WAS?

MATSUBA! DA UNTEN SIND WELCHE VON DER KIRIGAYA-GRUPPE UND WOLLEN...

HER MIT MA-TSUBA!

ALTER, DIE WERDEN HIER DOCH KEINE SCHIESSEREI ANFANGEN...

WIR CHECKEN MAL DIE LAGE!

ER...?!

TOJI
KURODA,
VIZEBOSS
DER KURODA-
GRUPPE

ZAWA

ZAWA

SCHNAPPT EUCH DEN KERL!

LASST MICH LOS...!

... WIE KONNTEST DU DANN SO EINE HALS-BRECHERI-SCHE AKTION LIEFERN?

TOMOYA NISHINA, VIZEBOSS DER KIRI-GAYA-GRUPPE...

MAN SAGT JA, DU WÄRST EIN CLEVE-RER TYP, ABER...

FLOMP
ドスッ
LICK
MAL SEHEN, WIE MICH DIESES HÜBSCHE GESICHT VERWÖHNEN KÖNNTE...
KONK
NGH!
AU...!
ARSCH-LOCH!
KH...

WUPP

ZUCK NICHT SO RUM.

WOW! ECHT EIN SEXY KÖRPER ...

HABEN SIE DICH DESHALB ZUM VIZE GEMACHT?

!!!

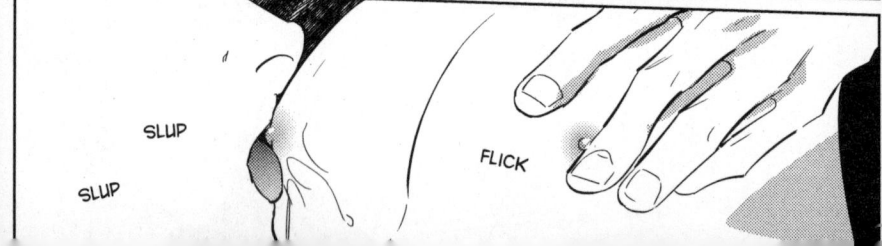

SLUP

SLUP

FLICK

DU...

BOSS?

SHUFF

DER KURODA-VIZE WAR IN MATSUBAS HAUS.

UNSER TIMING WAR TOTAL SCHEISSE.

NISHINA-SAN*, WAS IST PASSIERT?

* HÖFLICHE JAPANISCHE ANREDE.

STOMP

FUCK!

DIE SACHE WIRD UNGEMÜTLICH!

UND MATSUBA IST EH ABGEHAUEN, ALSO WAR DIE AKTION SINNLOS.

ABER DIE HABEN EINEN VON UNS UMGELEGT. DA MUSSTEN SIE MIT RACHE RECHNEN!

ER SELBST WAR...

HEY...

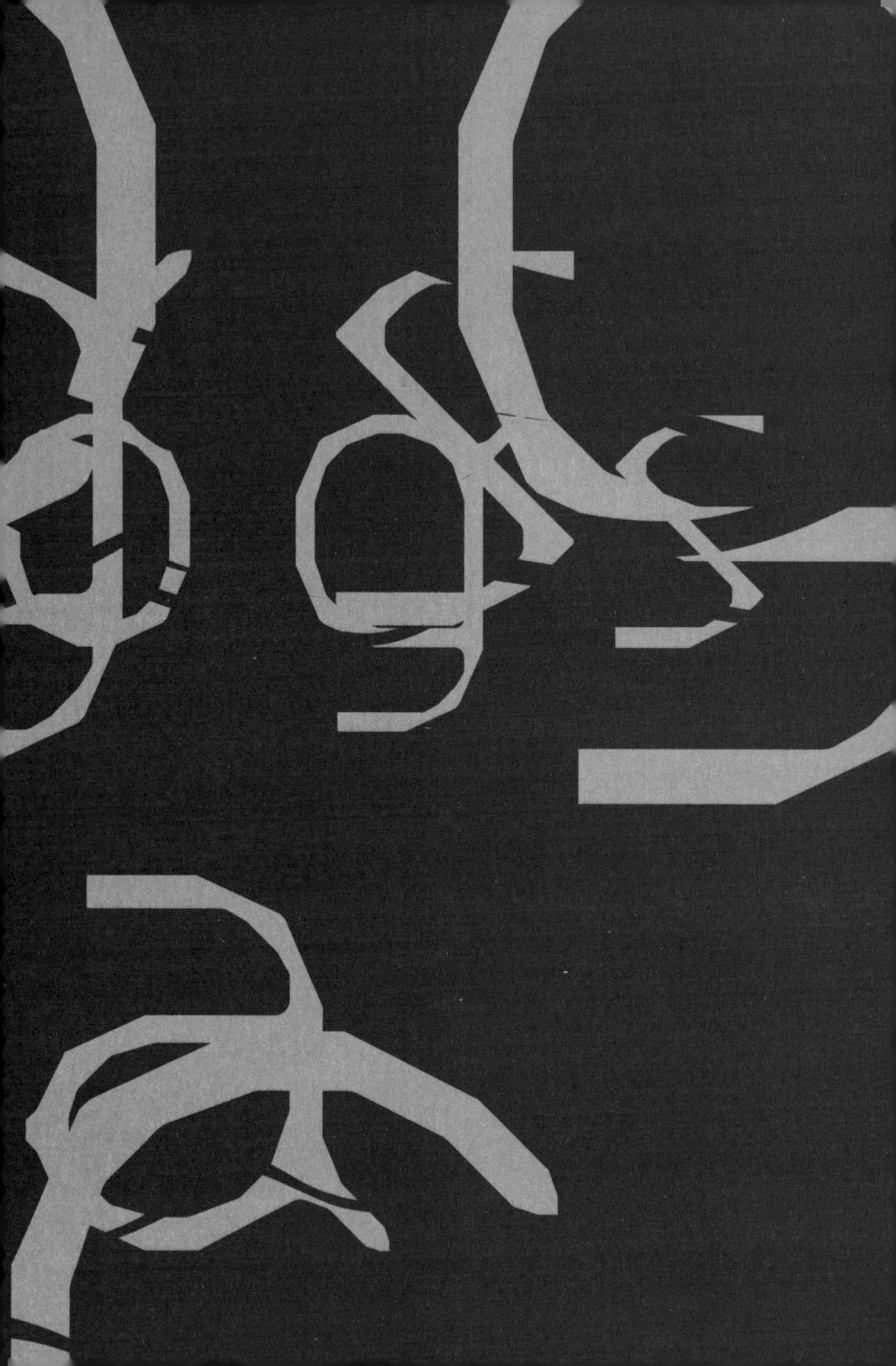

KLOPF, KLOPF...!

GOJO...

WIE'S AUSSIEHT, HAST DU DEINE SACHE GUT GEMACHT.

TU NICHT SO!

DU HATTEST DIE SACHE GEPLANT!

... ABER JETZT SIND WIR ECHT GERÜHRT.

DIE GANZE GRUPPE UND AUCH ICH SELBST... WIR HATTEN UNSERE ZWEIFEL WAS DICH BETRIFFT...

BLOSS UM IRGENDEINEN HANDLANGER VON UNS ZU RÄCHEN, FÄLLT UNSER VIZE PERSÖNLICH BEI DER KURODA EIN!

ES SOLLTE ZEIGEN, DASS ICH MEINEN JUNGS NICHTS BEIBRINGE UND SO MEINEN RUF RUINIEREN...

... DAMIT DU IN MEINE STELLUNG AUFSTEIGEN KÖNNTEST.

UM MIR DIE VIZE-POSITION STREITIG ZU MACHEN...

... HAST DU MIT EIN PAAR NEULINGEN VON UNS FÜR UNRUHE IN EINEM FREMDEN TERRITORIUM GESORGT.

DU BIST LEICHT ZU DURCHSCHAUEN.

VIELLEICHT SOLLTEST DU MIR JA DANKEN?

ABER DU HAST DIE SACHE SUPER GEREGELT.

DEIN RUF IST JETZT BESSER ALS VORHER.

DASS ICH NICHT LACHE!

GRAPP

ICH WILL EINFACH NUR ÜBER DIR STEHEN...

UM DIE POSITION DES VIZES GEHT ES MIR GAR NICHT.

...UM MIT DIR MACHEN ZU KÖNNEN, WAS ICH WILL.

HEY...

KÖNNEN WIR KURZ REDEN?

NI-SHINA...

ALSO, WAS GIBT'S?

EINER VON EUCH?

IHR HABT DABEI EINEN EURER MÄNNER VERLOREN, DAS HABT IHR NUN DAVON...

JEDENFALLS BIN ICH BEI MATSUBA REINGESTÜRMT, OHNE DIE WAHRHEIT ZU KENNEN.

DER ÄRGER, DEN MEINE JUNGS IN EUREM GEBIET GEMACHT HABEN...

... WAR VON ANFANG AN GEPLANT ... VON EINEM KERL AUS UNSERER GRUPPE, DER WOHL EIN PROBLEM MIT MIR HAT.

ABER TATSACHE IST AUCH, DASS MATSUBA EINEN VON EUCH GETÖTET HAT.

DU MUSST DICH ALSO NICHT ENTSCHULDIGEN.

JA.

DER BOSS WIRD AUSFLIPPEN.

DAS HEISST, WIR SIND IN EINEN INTERNEN STREIT DER KIRIGAYA REINGEZOGEN WORDEN?

ICH PERSÖNLICH WÜRDE GERN WEITERE KÄMPFE MIT DER KURODA VERMEIDEN.

...

ZIEMLICH DIREKTE ANSAGE.

... ES WÄRE EINFACH DUMM, SICH MIT EUCH, EINEM ZWEIG DER MÄCHTIGEN RYUO-GRUPPE, ANZULEGEN.

KLINGT WOHL DREIST VON DER SEITE, DIE DAS ANGEZETTELT HAT, ABER ...

ABER ES KAMEN NOCH KEINE GRÖSSEREN AKTIONEN VON EUCH.

ALS DU DA NEULICH AUFGETAUCHT BIST, WAR ICH MIR SICHER, DASS WIR MIT DEM SCHLIMMSTEN RECHNEN MÜSSEN.

ALSO, WAS SAGST DU DAZU, TOJI KURODA?

WENN MÖGLICH, WÜRDE ICH SIE GERN MIT GELD LÖSEN.

JETZT HOFFE ICH, DASS DU UND ICH DIE ANGELEGENHEIT IN RUHE BESPRECHEN KÖNNEN.

... WENN UNSER BOSS VON DER SACHE ERFÄHRT, WIRD ES KRIEG GEBEN, SO VIEL STEHT FEST.

ER LIEBT KONFLIKTE MEHR ALS GELD.

GEHT LEIDER NICHT...

ALLES EINFACH VERGESSEN... KLINGT NICHT SCHLECHT...

...ABER...

AUSSERDEM HABE ICH NICHT VOR, MICH VON DIR BESTECHEN ZU LASSEN.

ICH KANN DAS.

IMMER NOCH BESSER ALS EIN DRECKIGER ALTER SACK.

ER MEINT ES ERNST ...

ZUCK

SLUP

WIESO HAST DU DICH AUF MICH EINGELASSEN?

...

DASS DER KURODA-VIZE SO LEICHT RUMZUKRIEGEN IST...

BIN ICH GAR NICHT.

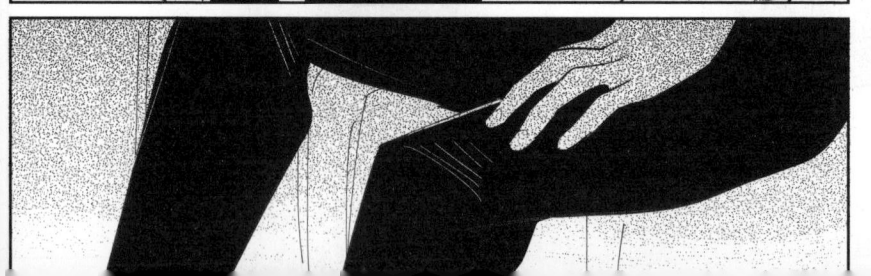

ER LÄSST KEIN SCHUTZGELD ERPRESSEN UND HILFT, WENN EHRLICHE LEUTE IN NOT SIND.

WIE DU VIELLEICHT WEISST, IST UNSER BOSS EHER ZURÜCKHALTEND.

ICH SELBST BIN AUS DANK FÜR SEINE GÜTE IN DER GRUPPE.

MAN KÖNNTE SAGEN, ER MÖCHTE ALS YAKUZA NUR DIE ALTEN TRADITIONEN DER STADT SCHÜTZEN.

ICH KANN DICH VERSTEHEN, WEIL ICH FÜR SOLCHE MENSCHEN AUCH SEHR VIEL RESPEKT HABE.

UNSERE GRUPPE STEHT EINFACH AUF KÄMPFE, ABER MIT DROGEN HABEN WIR NICHTS AM HUT.

WIR REGELN DINGE SEHR DIREKT UND HASSEN ES, WENN JEMAND DEN SCHWANZ EINZIEHT.

"... ABER...

DASS DU DAFÜR DEINEN STOLZ WEGWIRFST ...?

ICH VERSTEHE DEINE LOYALITÄT...

OHNE STOLZ HAST DU ALS YAKUZA VERLOREN.

ER BRINGT MICH AUS DER FASSUNG...

DU DENKST ZIEMLICH NAIV.

ABER DANKE FÜR DEN RATSCHLAG.

AH!

TOMOYA!

DARF ICH REIN- KOM- MEN?

VATER*, WIE GEHT ES IHNEN?

* RANGHÖCHSTER ANFÜHRER EINES YAKUZA-NETZWERKS IST DER OYABUN (JAP. VATER).

ICH ÖFFNE MAL DAS FENSTER.

SIE SEHEN HEUTE SCHON VIEL BESSER AUS.

UND DAS WETTER IST AUCH GUT.

WAS MACHT DIE FAMILIE*?

* YAKUZA-GRUPPEN SEHEN UND BEZEICHNEN SICH HÄUFIG ALS IKKA (JAP. FAMILIE).

NEIN. SIE KÖNNEN GANZ BERUHIGT SEIN.

IRGEND-WELCHE VORFÄLLE?

AH, FREUT MICH ZU HÖREN.

UND WIE GEHT ES GOJO?

ALLES WIE IMMER.

ALS CHEF DES HAUPTQUARTIERS LEISTET ER GANZ GUTE ARBEIT, ABER...

DAS MACHT MIR EIN WENIG SORGE.

HAHA... JA, GENAU.

SIE MEINEN SEINE ARROGANZ?

... VOM CHARAKTER HER IST ER NICHT UNGEFÄHRLICH.

ABER SOLANGE DEINE POSITION UND ARBEIT KEINEN SCHADEN NEHMEN, IST ALLES GUT.

UND DU, BOSS?

ICH KOMME GLEICH ALS NÄCHSTER.

INA-GAWA IST AUF DEN POSTEN SCHARF.

ÜBRIGENS, TOJI...

WEISST DU WAS DARÜBER?

MIR IST ZU OHREN GEKOMMEN, DASS DER KIRIGAYA-VIZE IRGENDEINE AKTION GELIEFERT HAT.

ABER KEINE GEHEIMNISSE, KLAR?

ACH...

WIR HABEN DA NICHT WIRKLICH SCHADEN GENOMMEN.

VER-STEHE.

ALSO NICHT DER REDE WERT.

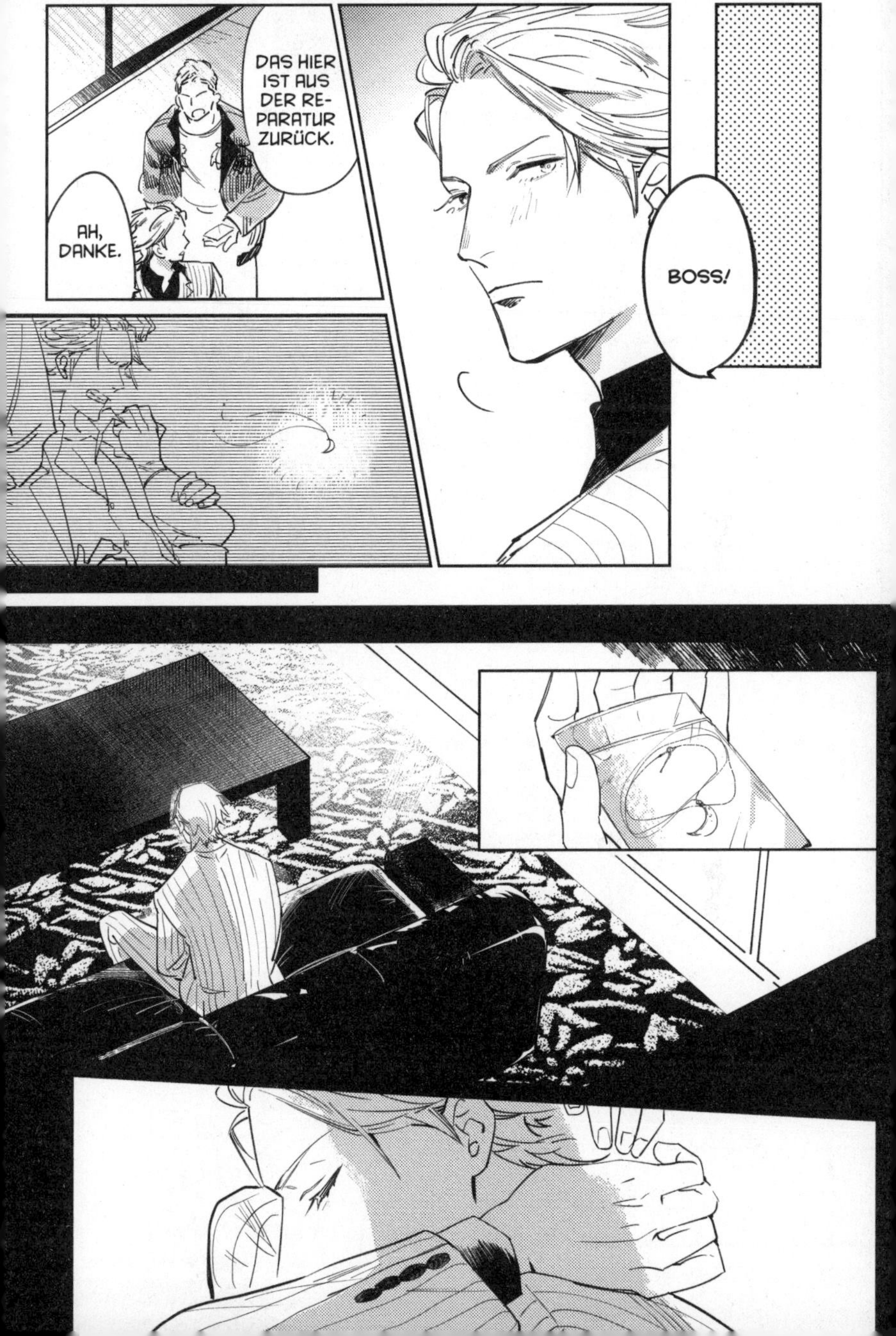
BOSS!
DAS HIER IST AUS DER RE-PARATUR ZURÜCK.
AH, DANKE.

WOPF

GRAB

LEG DICH AUF DEN BAUCH UND RUH DICH AUS.

?

PLITSCH

KLACKA

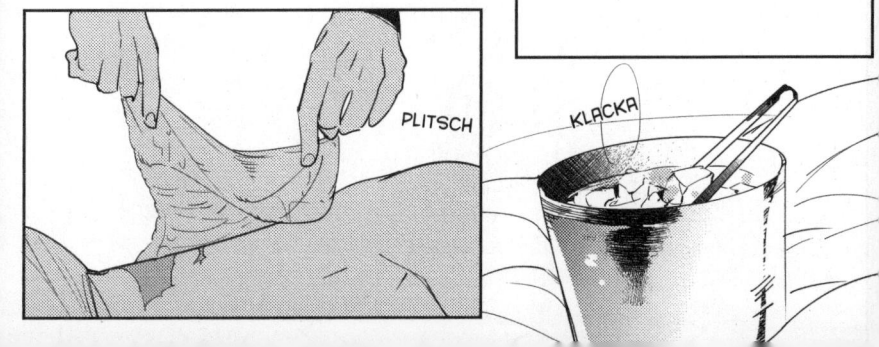

DAS REICHT.

DANKE FÜR DEINE FÜRSORGE.

KRZ
KRZ

GASCHAN

act 4

IHR WERDET DEN KERL FINDEN...

... DER TOJI DAS ANGETAN HAT!

JAWOHL!

BOSS...

HABEN SIE VON DEM ÜBERFALL DER KIRIGAYA GEHÖRT?

DA
DA
DA
DA

ZIEMLICH VERDÄCH-TIG, ODER?

UND DAVOR GAB ES AUCH DEN STREIT IN DIESEM KLUB...

DER VIZE DER KIRIGAYA WURDE DAMALS VON TOJI SCHI-KANIERT...

NICHT IM DETAIL, ABER JA...

VIELLEICHT ABER IRGEND-EINE PERSÖNLI-CHE RACHE...

ICH KANN MIR NICHT VORSTELLEN, DASS DER AN-SCHLAG EINE OFFIZIELLE ANORDNUNG WAR...

DER BOSS DER KIRIGAYA IST EHER ZURÜCK-HALTEND ...

HM...

FINDET ES RAUS.

JAWOHL.

ER
WUSSTE
ES...

...

ER
WUSSTE,
WER ICH
WAR...

DARUM HAT ER MIR MEINE AKTIONEN NIE VORGEWOR-FEN...

DABEI WÜRDE ICH NUR VON IHM BE-SCHÜTZT...

UND ICH DACHTE, ICH HÄTTE IHN UM DEN FINGER GE-WICKELT...

BZ

ZZZ

BZZZ

BOSS, WILLST DU WIRKLICH KEINE LEIB-WÄCHTER DA DRIN?

MUSS JETZT AUFHÖ-REN.

NEIN, IHR WÄRT MIR NUR IM WEG. KLAR? DANN GEHT JETZT, JA?

R R R R

KLACK

WIE KOMMST DU HIER REIN? DRAUSSEN SIND MEINE LEUTE.

WENN ICH IRGENDWO REIN WILL, SCHAFF ICH DAS IMMER IRGENDWIE.

HÖRT SICH GAR NICHT GUT AN...

GRAB

... MIT DIESEM WISSEN- DEN BLICK.

DIR WAR KLAR...

... WER ICH BIN. DESHALB HAST DU DIR ALLES VON MIR GEFALLEN LASSEN...

MEIN BAUCH TUT WEH ...

IST DEINE WUNDE OKAY?

DER VER- BAND LÖST SICH.

KEIN WUNDER, WENN MAN IHN SO ANLEGT...

WAREN NICHT UR- SPRÜNGLICH BESUCHE ABGE- MACHT?

WIE'S AUS- SIEHT, WILLST DU MITTLER- WEILE BEI MIR WOHNEN.

ICH KÜMMER MICH UM DICH, ALSO BESCHWER DICH NICHT.

KÜM- MERN?

DU KANNST WEDER KOCHEN NOCH WÄSCHE WASCHEN UND RÄUMST AUCH NICHT AUF.

EINFACHE SACHEN KANN ICH SEHR WOHL KOCHEN.

MH...

SPIEGELEI UND SO...

ABER SIE FIELEN EINEM KREDITHAI ZUM OPFER, STECKTEN TIEF IN SCHULDEN UND HABEN SELBSTMORD BEGANGEN.

NACHDEM DER LEITER DES WAISENHAUSES WEGEN MISS-HANDLUNG VON KINDERN VERHAFTET...

... UND WIR ALLE VERSTREUT UNTERGE-BRACHT WURDEN, HAB ICH NACH DIR GESUCHT.

MEINE ZIEHELTERN WAREN GUTE MEN-SCHEN.

WIR LEBTEN DAMALS IN DEM VIERTEL, DAS UNSER JETZIGER BOSS REGIERTE, UND ER NAHM MICH AUF.

KAUM ZU GLAUBEN, DASS DU BEI DER YAKUZA GELANDET BIST.

ICH WAR BERUHIGT, ALS ICH RAUSFAND, DASS DICH EINE NORMALE FAMILIE AUFGENOMMEN HATTE.

WAR EINE SCHLIMME SACHE DAMALS...

GENAU DAS IST UNSER GE-SCHÄFT.

SIE BRAUCHTEN BLOSS GELD FÜRS TÄGLICHE LEBEN...

WIR SIND EIN HAUFEN ABSCHAUM IN DIESER GNA-DENLOSEN, TROSTLOSEN WELT...

... ENTSCHIE-DEN SICH FÜR EIN ILLEGALES DARLEHEN UND VERLO-REN SO IHR LEBEN...

HAH...!

AH...

ICH MERKE, DASS ICH MICH BEI DIR ENTSPANNE...

EIGENTLICH HAB ICH DIESES GEFÜHL SCHON VOR LANGER ZEIT BEMERKT...

... UND TROTZDEM...

act 5

BOSS...

KHEHE...
STARKE
REAKTION
...

WIE'S
AUSSIEHT, HAT
DIR DER KERL
DIE WICHTIGEN
DINGE VER-
SCHWIEGEN...

FINDET
NISHINA UND
BRINGT IHN
SOFORT
HIERHER!

ICH
VERSTEHE
DEN FRUST
SEHR GUT,
DEN DU JETZT
FÜHLST.

ANSCHEI-
NEND HAT-
TEST DU IHM
VERTRAUT.

NUN
STEHST
DU DA WIE
EIN IDIOT,
KURODA.

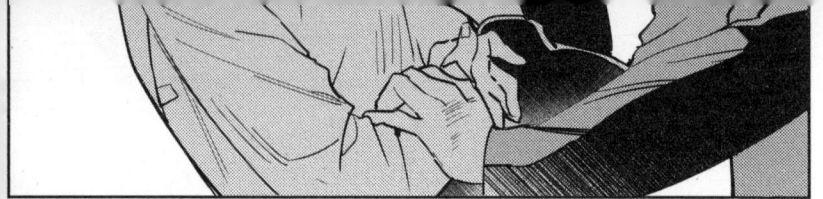

LASST MICH LOS!

ICH WERD SCHON NICHT AB-HAUEN!

VATER?! WAS MA-CHEN SIE HI...

JA...

LANGE NICHT GE-SEHEN, KIRI-GAYA-SAN.

カチ
GASHA

WAS SOLL
DAS WERDEN,
TOJI? WILLST
DU DEINEN AUS-
SCHLUSS PROVO-
ZIEREN?

カチ
KADONK

ICH WERDE HIER NACH MEINEM EIGENEN EHRENKODEX HANDELN.

SO DENKST DU ALSO DARÜBER?

ES GIBT AUCH WICHTIGERE AUFGABEN FÜR DICH, ALS DIE BEIDEN UMZUBRINGEN.

ALSO GUT...

MACH, WAS DU WILLST...

ABER WIE WILLST DU DIESE SACHE NUN REGELN?

DEINE LEUTE WERDEN DAS NICHT EINFACH AKZEPTIEREN.

WAS DAS ANGEHT, HABE ICH EINEN VORSCHLAG.

IM
ERNST?!

OFFENBAR
WUSSTE DER
KURODA-BOSS,
DASS DU UND
NISHINA IM
SELBEN WAISEN-
HAUS WART.

DIE HAST DU AUCH.

DARUM HAT ER AB-GEWARTET UND BEOB-ACHTET.

DURCH DEINEN VORSCHLAG DARF ICH NISHINA JETZT ALS MITGLIED DER FAMIELE SEHEN.

„WIR SOLLTEN SAKE-SCHALEN TAUSCHEN* UND DIE KIRIGAYA IN DIE KURODA IN-TEGRIEREN. DIESE VERGRÖSSERUNG UNSERER FAMILIE KÖNNTE IM STREIT UM DIE RYUO-NACHFOLGE EIN VORTEIL SEIN."

DAS NENNE ICH WEISHEIT.

* RITUAL DER YAKUZA, UM ETWAS ZU BESIEGELN

DANKE.

KEINE UR-SACHE.

JAWOHL.

ICH VERTRAUE DIR NISHINA ALS ZUKÜNF-TIGES OBER-HAUPT DER KIRIGAYA-FAMILIE AN.

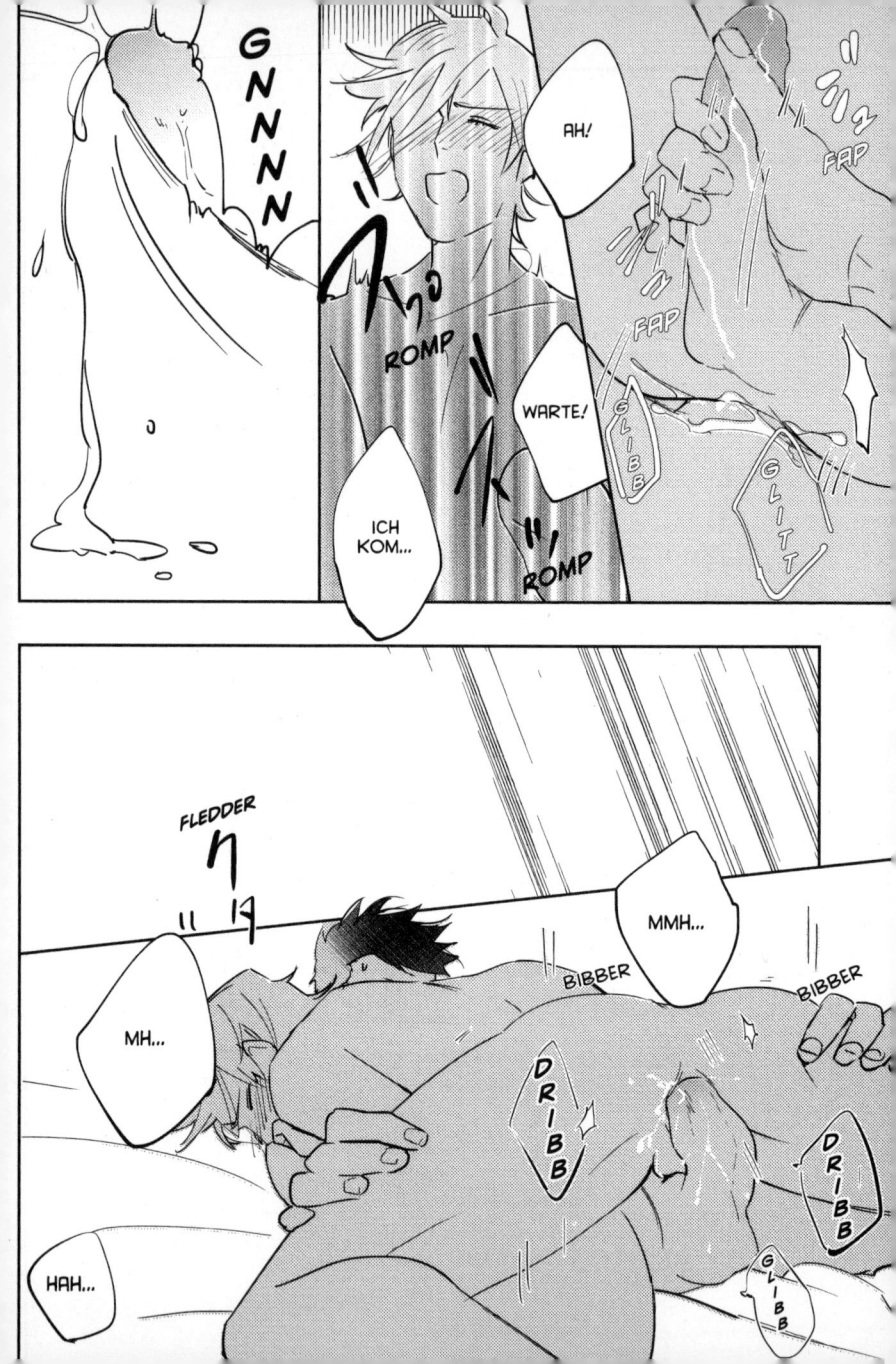

ICH WERDE DIE KIRIGAYA-FAMILIE BESCHÜTZEN, DAS VERSPRECHE ICH.

ER STARB MIT SO EINEM FRIEDLICHEN GESICHTS-AUSDRUCK, DER GAR NICHT NACH YAKUZA AUSSAH.

JA.

ENDE

EGMONT

www.egmont-manga.de
facebook.com/EgmontManga
instagram.com/EgmontManga
twitter.com/EgmontManga

Boys Love

Reibun Ike
HEISSE NÄCHTE, KALTER STAHL

REIBUN IKE

HEISSE NÄCHTE, KALTER STAHL

Schutzgelderpressung, Auf-
tragsmorde, Drogenschmug-
gel: Alles kein Problem für
den selbstbewussten Yakuza
Kabu. Nun soll er seinen Vater
an der Spitze der Umezaki
Familie beerben und die
Führung übernehmen. Doch
Kabu fühlt sich wohl in seiner
bisherigen Position und mit
Nirasawa an seiner Seite, der
ihm seit Jahren treuergeben
ist – bis dieser plötzlich ins
Visier der Verhandlungen um
die Erbfolge gerät...

Heiße Nächte, kalter Stahl
Band 1 ISBN 978-3-7704-2724-6
€ 7,50 [D]

MANGA
漫
画

EGMONT

EGMONT

www.egmont-manga.de
facebook.com/EgmontManga
instagram.com/EgmontManga
twitter.com/EgmontManga

Hitsuji Sakura
PASSION DRAWING

HITSUJI SAKURA

Daiki ist Zeichner und hat eine Vorliebe für Männerkörper. Als sich der athletische Yusuke bereit erklärt, für ihn zu posieren, ist er kaum zu bremsen. Und der intime Moment, in dem Daiki Yusukes fast nackten Körper mit Blicken und Händen studiert hat, bleibt beiden in Erinnerung. Warum war diese Situation nur so aufregend?

Passion Drawing
Einzelband ISBN 978-3-7704-2655-3
€ 7,50 [D]

MANGA
漫画
EGMONT

www.egmont-manga.de

EGMONT

www.egmont-manga.de
Unsere Bücher findest Du im
Buch- und Fachhandel und auf:

www.egmont-shop.de

„Dogs of Tosca" von Micro Noici
Aus dem Japanischen von Monika Hammond
Originaltitel: „Tosca no Inu"

Originalausgabe:
TOSCA NO INU
©2019 Micro Noici
First published in Japan 2019 by OVERLAP, Inc.
German Language translation rights granted to
Egmont Verlagsgesellschaften mbH
under the license from OVERLAP, Inc., Tokyo.

Deutschsprachige Ausgabe:
© 2022 Egmont Manga
verlegt durch Egmont Verlagsgesellschaften mbH,
Alte Jakobstr. 83, 10179 Berlin

2. Auflage 2022
Verantwortliche Redakteurin: Luisa Steinhäuser
Redaktion: Madlen Beret
Gestaltung: Anke Koopmann
Koordination: Angelika Schönhuber
Printed in the EU
ISBN 978-3-7704-4258-4

Die Egmont Verlagsgesellschaften gehören als Teil der Egmont-Gruppe zur
Egmont Foundation – einer gemeinnützigen Stiftung, deren Ziel es ist, die sozialen,
kulturellen und gesundheitlichen Lebensumstände von Kindern und Jugendlichen zu
verbessern. Weitere ausführliche Informationen zur Egmont Foundation unter
www.egmont.com

SUTOPPU!

Koko wa kono manga no owari dayo.
Hantaigawa kara yomihajimete ne!
Dewa omatase shimashita!
Tanoshii hitotoki wo dozo!

Egmont-Manga-Chiimu

STOPP!

Das ist der Schluss des Mangas.
Fangt bitte am anderen Ende an!
Und nun genug der Vorrede,
viel Spaß beim Lesen!

Euer Egmont-Manga-Team